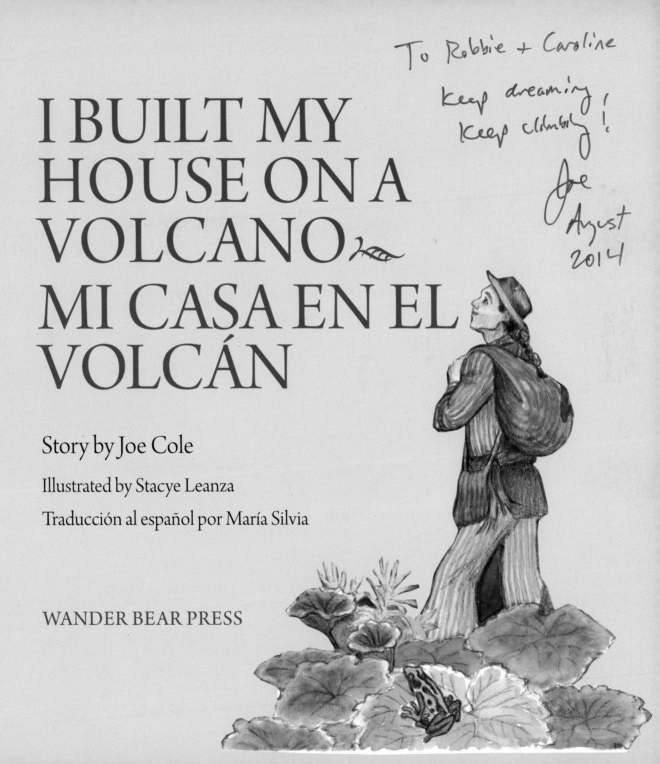

I BUILT MY HOUSE ON A VOLCANO

MI CASA EN EL VOLCÁN

Story by Joe Cole

Illustrated by Stacye Leanza

Traducción al español por María Silvia

WANDER BEAR PRESS

El Volcán Dorado,
Coladero, y la travesía
de Herman

Herman's Hike,
Volcano Dorado & Coladero

I Built My House On a Volcano is a picture book for all ages, and a parable about what happens when we follow our dreams and find more difficulties than we imagined.

This book was inspired by the challenges and joys of living in community; by a trip to Santorini Island in Greece, where people really do live on the rim of a volcano; and by everyone who pursues an unconventional path of beauty and connection.

Mi casa en el volcán es una parábola ilustrada apta para lectores de cualquier edad, un relato sobre el valor de ser fiel a nuestros sueños aunque encontremos en el camino más dificultades de las que esperábamos.

Esta historia es producto de las alegrías y desafíos de vivir en comunidad, así como también de mi viaje a la Isla Santorini en Grecia, donde la gente realmente vive al borde de un volcán. Parte de mi inspiración la debo asímismo a aquéllos que procuran senderos poco convencionales de belleza y comunión.

Dedicated to Freddy and to all those who suffer from living near an active volcano. We send our thoughts and love to them.

Dedicado con cariño a Freddy y a todos los que sufren por vivir cerca de un volcán activo.

IT was the Year of the Hawk and the Month of the Ninth Moon when Herman set out for the Great Western Ocean. He hiked across the foothills and down into the plains with his backpack strapped over his shoulders. As he neared the coast, he walked through a lush jade forest. Above the treetops a golden volcano reached for the sky.

EN el Año del Halcón y el mes de la Novena Luna, Herman emprendió su viaje hacia el Gran Océano del Oeste. Con su mochila a cuestas, cruzó cerros y llanuras. Acercándose a la costa, se adentró en un exuberante bosque de jade. Sobre las copas de los árboles se erguía, imponente, un volcán dorado.

I N the town of Coladero, Herman stopped at the market and asked about the volcano.

"Inside the volcano live Fire Gods who created the world," said an old man selling pottery.

"Never go up there at night," warned a woman weaving rugs. "The air is poisonous, and evil spirits will push you into the lava."

"That mountain is a hazardous wasteland," announced a man selling jewelry. "It's much safer down here in the valley."

At a fruit and vegetable stand, a young woman smiled. "It's a hard hike," she said. "But Volcano Dorado is amazing."

Herman thanked her and bought food for his journey.

H ERMAN paró en el pueblo, llamado Coladero, y en la feria preguntó por el volcán.

Un anciano que atendía un puesto de alfarería le dijo:

—Dentro del volcán viven los Dioses del Fuego, creadores del mundo.

—Nunca vayas allí de noche —le advirtió una mujer que tejía alfombras—. El aire es inmundo y hay espíritus endiablados que te empujan hacia la lava.

—Esa montaña es tan yerma como peligrosa —le avisó un orfebre—. Aquí, en el valle, uno está mucho más seguro.

Desde un puesto de frutas y verduras, una jovencita sonreía.

—Es una caminata difícil, pero el Volcán Dorado es espectacular.

Herman le agradeció y compró provisiones para su viaje.

INSTEAD of heading to the ocean, Herman turned into the forest that blanketed the base of the volcano. After hiking uphill all morning, he emerged from the trees onto a bare rocky slope. The path grew steeper and he slipped on the loose stones.

Cresting a stack of boulders, he stopped to wipe the sweat from his eyes. Around him lay the ruins of an ancient temple. The marble pillars had collapsed long ago and now lay snaking across the ridge. Strange symbols were carved into the stones.

EN vez de dirigirse hacia el mar, Herman decidió adentrarse en el bosque que cubría la base del volcán. Caminó cuesta arriba toda la mañana, hasta los confines del bosque, donde se topó con una cuesta rocosa y desolada. Al caminar, notó que la cuesta se empinaba cada vez más y lo hacía resbalar al pisar piedras flojas.

Para secarse el sudor que caía sobre sus ojos, se sentó sobre unas grandes rocas. A su alrededor yacían las ruinas de un templo antiguo. Las columnas de mármol, derrumbadas hacía ya mucho tiempo, parecían serpientes gigantes reptando por la cresta de la montaña. Se veían símbolos extraños tallados en piedra.

Herman sat in the shade of the ruins and gazed at the town in the valley below. He ate lunch and finished a jug of water, then continued his climb up the mountain.

By late afternoon, he neared the summit. Energy surged through his legs and lifted him up the final slope. At the rim, he crept closer and held on to a rock to lean over the edge. A massive opening plummeted downward. Steam rose from the darkness. Though afraid of falling, he felt like he was gliding on the clouds.

Herman stepped back to survey the view. The coastal plains sprawled to the east. North and south, a smooth shoreline speared the horizon. To the west, waves rolled across the ocean beyond the limits of sight. The sky wrapped him in infinity. The sun felt so close that he could almost hear it simmering.

❧

Herman se sentó a la sombra, entre las ruinas, y contempló el pueblo allá abajo, en el valle. Almorzó, bebió el resto del agua de su cantimplora y continuó su ascenso por la montaña.

Cerca del atardecer, se aproximaba a la cima. Sintió una ola súbita de energía en sus piernas, que lo remontó durante el último trecho. Se arrastró hasta la boca misma del volcán y, aferrándose a una roca, se asomó por el borde. Por la inmensa abertura vio la profundidad abrupta del volcán y el vapor emergente de esa oscuridad. Si bien temía caerse, sentía que estaba volando por las nubes.

Herman retrocedió para contemplar su entorno. Hacia el este, la llanura costera. Una plácida ribera penetraba el horizonte al norte y al sur. Hacia el oeste, las olas del mar danzaban y se perdían de vista. Herman sintió que el cielo infinito lo arropaba y que el sol estaba tan cerca, que podía escuchar sus chisporroteos.

FOR the rest of the day, Herman sat and watched the dazzling orange sun drifting down to the sea. At dusk, he stood and bowed to the sun, to the ocean, and to the volcano. Then he jogged back into the forest, where his laughter bounced off the tree trunks.

After Herman's visit to the ocean, he returned east. Months passed, and he kept dreaming of the volcano. Sometimes in the dream a hawk would circle, calling out across the sky before landing near the rim. Sometimes in the dream, ancient ones added stones to a line of cairns marking a pathway up the slope.

HERMAN se sentó a contemplar la lenta puesta de ese sol anaranjado, deslumbrante más allá del mar. Al anochecer, se puso de pie, y con una reverencia al sol, al océano y al volcán, se fue trotando por el bosque, donde los árboles lo escucharon reír.

Después de su visita al volcán, Herman regresó a su hogar, en el este. Durante meses vio al volcán en sueños; a veces un halcón volaba en círculos emitiendo gañidos, hasta posarse cerca del borde. A veces, ancestros agregaban rocas en los mojones de piedras apiladas, marcando un camino cuesta arriba en la pendiente.

ONE morning, Herman woke from his volcano dreams smiling with bliss. He was going to build a house on the volcano.

All day Herman was certain of his plan. Yet at night he grew afraid. Wasn't it dangerous? How could it work? What would people think? The doubts howled like a coyote chorus, chasing away his dreams through a sleepless night.

UNA mañana, Herman despertó de uno de estos sueños sonriendo con una felicidad absoluta: construiría una casa en el volcán.

Si bien durante el día pensó en su plan con total certeza, a la noche lo acosaron miedos: ¿No será peligroso? ¿Funcionará? ¿Qué pensará la gente? Sus dudas, como los aullidos de una banda de coyotes, ahuyentaron sus esperanzas y lo mantuvieron en vela toda la noche.

THEN at dawn, he imagined his volcano home overlooking the sea. He felt the joy again, shining from within. That morning he packed and headed west.

Back in the town of Coladero, he purchased food, water, and building supplies. When word spread of what he was doing, people shook their heads. "He's crazy!" they said. "Won't last a month up there," they promised. "He'll come running back to town when his house burns!" they laughed.

Herman set up camp near the rim of the volcano and chose a site for his house along a level ridge. As he worked, he enjoyed the view. During breaks he explored the rocky slopes and discovered that the volcano was covered with life. Gray moss grew on the red rocks. Brown lizards hunted among purple spiky flowers. Hawks and seabirds rode swift currents in the air.

AL amanecer, sin embargo, imaginó su casa con vista al mar en el volcán y sintió esa dicha plena otra vez, iluminándolo desde adentro. Esa misma mañana hizo sus valijas y emprendió viaje hacia el oeste.

Paró en Coladero para comprar comida, agua y materiales de construcción. Los pueblerinos, al escuchar los rumores sobre Herman y su plan, desaprobaban, incrédulos.

—¡Está loco! —decían.

—No va a durar ni un mes allá arriba —aseguraban.

—¡Cuando su casa arda en llamas va a volver al pueblo con el rabo entre las piernas! —se reían.

 Herman acampó cerca del borde del volcán y eligió el lugar exacto donde construir su casa, en una cresta llana. Mientras trabajaba, pudo apreciar la vista que lo rodeaba y descubrió que el volcán estaba lleno de vida: rocas rojizas cubiertas de musgo verde, lagartijas castañas cazando entre flores de penachos morados, halcones y aves marinas dejándose llevar por las rápidas corrientes de aire.

ONE day Herman had a visitor. Demi, the young farmer from the valley, brought fresh vegetables and fruit. "My passion is farming," she said. "If I could do it up here, I would build my house on the volcano too."

With Demi's horse they hauled stones and fallen timber from the forest. They built walls and an archway, and brought more lumber to finish the roof.

UN día Demi, una joven granjera del valle, visitó a Herman y le llevó frutas y verduras.

—La agricultura es mi pasión —le confesó la muchacha—. Si pudiera sembrar aquí, yo también construiría mi casa en el volcán.

Con la ayuda del caballo de Demi, trajeron rocas y madera de árboles caídos del bosque. Levantaron paredes y una entrada con techo arqueado, y cargaron más madera para terminar el techo.

ONCE the house was finished, Herman felt proud to live in such a beautiful place. Each day he watched the sun rise over the volcano and set over the ocean. Whenever hikers came up the mountain, they would reach his home and stand amazed. Their excitement mirrored his own joy. As Herman offered them water and answered their questions, his appreciation for living there deepened.

Yet after a while, Herman saw that living on a volcano was more difficult than he had imagined. He had to travel a long distance for supplies. When storms rolled in from the ocean, he felt their full fury. Sometimes when he walked along the rim, the volcano belched foul gases. Worst of all, every few months the volcano rumbled and shook his house. Some nights Herman had trouble sleeping because he didn't know whether he would wake up in a pile of rubble.

Through his first year on the volcano, Herman learned to live with these troubles. He stabilized the house and waterproofed his roof against the storms. He avoided the rim on gassy days. And he set up a hammock outside so he could sleep beneath the safety of the stars whenever he needed.

CUANDO por fin la casa estuvo terminada, Herman se sintió orgulloso de vivir en medio de tanta belleza. Todos los días observaba cómo el sol aparecía por detrás del volcán y desaparecía en el mar, al atardecer. De vez en cuando llegaban excursionistas a su casa y siempre se quedaban anonadados. El entusiasmo de estos visitantes era un reflejo fiel de la dicha de Herman, quien siempre les ofrecía agua fresca y contestaba todas sus preguntas, sintiendo una gratitud cada vez más profunda por el lugar donde vivía.

Sin embargo, con el tiempo Herman vio que vivir en el volcán era más difícil de lo que se había imaginado: tenía que recorrer una larga distancia cada vez que necesitaba provisiones, lidiar con la furia de las tormentas oceánicas, soportar los gases repugnantes que el volcán despedía de vez en cuando, y aceptar la realidad que de tanto en tanto, el volcán retumbaba y sacudía su casa ¡Eso era lo peor! Algunas noches le costaba mucho dormir porque no sabía si despertaría tapado de escombros.

A lo largo del primer año en el volcán, Herman aprendió a convivir con estas dificultades: estabilizó la casa e impermeabilizó los techos para estar bien protegido durante las tormentas; no se acercaba al borde del volcán en días de mucha efervescencia; y preparó una hamaca para dormir bajo la placidez de las estrellas cuando fuera necesario.

Then one day, the air sat thick and heavy. Herman hadn't seen a bird in the sky all morning. At noon, the slope began to tremble, and a huge blast shook his house. Smoke poured from the mouth of the volcano. Eruptions of lava sprayed fire into the sky and ash onto the slopes.

As lava rained down closer and closer to his home, Herman wondered, "What am I doing here? I must have been crazy to build my house on a volcano!"

He sprinted down the slope, stumbling over the loose stones. When he reached the tree line, he stopped and looked back. The sky was dark with smoke. Ash was falling everywhere. He couldn't tell whether his house was still standing. He turned into the forest and headed for town.

Un día, Herman sintió que el aire estaba denso y pesado. También notó la ausencia total de pájaros toda la mañana. Al mediodía, la pendiente empezó a temblar y un sacudón fuertísimo estremeció su casa. Vio salir humo de la boca del volcán y erupciones de lava lanzando fuego al cielo y cenizas a la tierra.

A medida que la lava se acercaba a su casa, Herman pensó:

—¿Qué estoy haciendo aquí? ¡Qué locura construir mi casa en un volcán!

Comenzó a correr cuesta abajo, tropezándose con las piedras flojas. Cuando llegó a la entrada del bosque, se detuvo y miró hacia atrás: el humo oscurecía el cielo y había cenizas por todos lados. No sabía si su casa estaba todavía en pie. Se metió en el bosque, camino al pueblo.

Iɴ Coladero, people were scurrying through the streets. Herman saw a merchant boarding up his shop. "What's everyone doing?" he asked.

"We're heading to the port in case this is the big one," the merchant said. "The whole valley could be flooded with lava!"

Amidst the commotion, Herman saw an old woman in front of Abuelita's Café. She was sweeping ash off the patio with slow, smooth strokes.

Eɴ las calles de Coladero, la gente corría por todos lados. Un comerciante clausuraba con tablas su negocio. Herman le preguntó:

—¿Qué están haciendo?

El comerciante le contestó:

—Nos vamos para el puerto, por las dudas de que ésta sea la grande ¡El valle entero puede inundarse de lava!

En medio de todo el alboroto, Herman vio a una anciana en la puerta del Café Abuelita, barriendo tranquilamente la vereda.

AREN'T you leaving? Herman asked.

"No," said Abuelita. "I can feel in my bones that it's not a big one. But people enjoy the fear and the drama. Otherwise why would they run around like this?"

Abuelita offered Herman tea, and they sat on the patio watching smoke spread across the sky. In the street, townspeople rushed by, clutching their possessions.

"Shakes and bursts happen every so often," explained Abuelita. "The last really big eruption hit when my grandmother was a girl, and part of the town got burned. But since then, there's been a lot of panic over nothing."

As Herman raised his teacup, his hand was trembling. "I guess I'm afraid, too," he said. "My house is up there, and the blast really shocked me."

Abuelita nodded. "So you're the one who lives on Volcano Dorado. Folks say you're crazy. But you seem fine to me."

"Thanks," replied Herman. "But I was crazy enough to believe that nothing really bad could happen to me up there."

Abuelita smiled. "Let me tell you what's really crazy," she said. "As scared as people get over that volcano, we've had poverty and sickness and war in this valley. They've done more harm than the volcano ever has. Yet folks still look at that volcano and decide they're safe down here."

～

—¿Usted no se va? —le preguntó Herman.

—No —contestó Abuelita—. Ésta no es la grande; lo siento en los huesos. Pero la gente disfruta del miedo y el drama, por eso corren así.

Abuelita le ofreció una taza de té y se sentaron en la vereda viendo cómo el humo se esparcía por el cielo. En las calles del pueblo, la gente corría, cargando sus pertenencias.

—Pequeños temblores y erupciones ocurren de vez en cuando —le explicó Abuelita—. La última erupción grande ocurrió cuando mi abuela era una niña y parte de la cuidad se quemó. Pero desde entonces, reina el pánico sin motivo.

Al tomar su taza, Herman notó que su mano temblaba.

—Veo que yo también tengo miedo —dijo—. Mi casa está allá arriba y el último temblor realmente me asustó.

Abuelita asintió con la cabeza.

—Entonces tú eres el que vive en el Volcán Dorado. La gente cree que estás loco, pero no lo pareces.

—Gracias —contestó Herman—. Pero algo loco debo estar si pensé que iba a estar seguro allá arriba.

Abuelita sonrió.

—¿Sabes lo que es una locura? Que la gente se espante tanto con el volcán, cuando aquí en el valle hemos tenido pobreza, enfermedades y guerras que han resultado mucho más devastadoras que el volcán. Sin embargo, la gente sigue aterrorizada con el volcán y creyendo que aquí uno está seguro.

HERMAN thought about what Abuelita said. If there was no completely safe place, why not live on a volcano? Well, for one reason, it might explode at any moment and demolish him!

Abuelita poured more tea. "My Great Auntie survived some shocks on Volcano Dorado. She was good at taking care of herself. She kept a journal and collected stories of folks who had been there before her. Auntie left her book with me--would you like to see it?"

"Very much."

While Abuelita went inside, Herman watched the volcano. From a safe distance, the ash cloud looked dark and magnificent. By erupting, the earth reached closer to the sun and sky. The flowing lava made the mountain tall and beautiful. Once the lava cooled, it created a home where living things could grow, a place of awe and power, a source of new life.

Abuelita returned carrying a book nestled in fine cloth. She unwrapped it and handed it to Herman. "Go ahead and look inside."

Herman pensó en las palabras de Abuelita ¿Si no hay ningún lugar que sea completamente seguro, por qué no vivir en el volcán, entonces? … Bueno … por ejemplo … ¡porque puede explotar en cualquier momento y hacerlo trizas!

Abuelita sirvió más té.

—Mi tía abuela sobrevivió varios temblores en el Volcán Dorado. Ella sabía cómo protegerse y guardaba un diario con historias de la gente que había estado allí antes. Ella me dio ese diario ¿Te gustaría verlo?

—¡Claro!

Mientras Abuelita fue adentro, Herman contempló el volcán. A la distancia, la nube de ceniza lucía oscura y magnífica. Con cada erupción, la tierra parecía acercarse más al sol y al cielo. La lava embellecía y añadía altura a la montaña y, al solidificarse, servía de hogar donde diferentes seres crecían, un lugar de maravilla y poder, una fuente de nueva vida.

Abuelita regresó con un cuaderno delicadamente envuelto en tela. Lo desenvolvió y se lo dio a Herman.

—Aquí tienes.

THE book was heavy. Herman opened the cover and turned the thick pages. On the first page was written, "Gifts and Lessons of the Volcano People." Inside were journal entries and stories, drawings of wildlife, paintings of the landscape, and designs of buildings and shelters.

"There's so much in here!" said Herman.

"Yes, it'll take a while to read it all," said Abuelita. "You're welcome to stay until the volcano calms down. That should give you time to rest and read."

Over the following days, Herman read of great journeys to the volcano; of homes made and burned and rebuilt; of temples raised and fallen. He read of births and illnesses, of funerals and festivals, of great storms and deep serenity. He read of families that shunned people who followed their dreams. And he read of new friendships and inner resources that helped people endure.

As Herman pondered all this, he knew where he truly wanted to be. Though the risks were clearer, the volcano was where Herman felt most alive. Yet he vowed he would leave if his dreams ever led him elsewhere.

EL cuaderno era pesado y de páginas gruesas. En la primera página se leía, *Legados y Enseñanzas del Pueblo del Volcán*. Herman encontró anotaciones, cuentos, dibujos de vida silvestre, pinturas del paisaje, así como también diseños de construcciones y refugios.

—¡Cuántas cosas! —exclamó Herman.

—Sí… vas a demorar en leerlo todo —dijo Abuelita—. Quédate, si quieres, hasta que el volcán se calme. Eso te dará tiempo suficiente para descansar y leer.

En los días siguientes, Herman leyó sobre viajes al volcán; hogares construidos,

destruidos, y vueltos a construir; templos erguidos y destrozados; nacimientos, enfermedades, entierros y festivales, tormentas embravecidas y días profundamente apacibles. Leyó sobre pioneros rechazados por sus familias, camaraderías creadas y de cómo una vida interior rica ayudaba a lidiar con los avatares de esa vida.

Reflexionando sobre todo esto, Herman supo dónde deseaba estar. Sabía el riesgo que corría, pero era en el volcán donde se sentía realmente vivo. Por otro lado, se prometió a sí mismo que si en algún momento sus sueños se lo indicaban, se iría del volcán sin vacilar.

WHEN the eruption calmed and the smoke cleared, Herman returned to Volcano Dorado. Part of his house had collapsed, so he got to work rebuilding. He made it more stable and fireproof to withstand the quakes and eruptions that would be a regular part of life there. He cleared paths down the slope. And he built a guest room for Demi.

⚘

HERMAN regresó al Volcán Dorado tan pronto los temblores amenguaron y el humo desapareció. Reconstruyó partes de su casa que se habían derrumbado —les dio más estabilidad y un tratamiento ignífugo para que soporten mejor los temblores y erupciones casi cotidianos. También creó senderos barranca abajo y construyó una habitación para Demi.

As Herman was working, Demi came by for a visit. Her horse was loaded with a fresh harvest. "I heard that you were back up here," she said, "and I thought you might be getting hungry." They ate dinner and watched the sunset paint a golden path across the ocean waves.

Now Herman felt more grateful than ever about building his house on a volcano. He could see both the beauty and the dangers of living there. When the volcano rumbled, he no longer questioned his choice. He knew himself better now. He was one of the Volcano People. When he saw lizards racing across the stones, when he gazed upon the sky and the vista, when he heard the hawk and felt the warmth of the sun, Herman was sure that Volcano Dorado was the best place for him to be.

La muchacha lo visitó un día. Su caballo cargaba productos frescos recién cosechados.

—Me enteré que habías vuelto —dijo—, y pensé que querrías algo de comer.

Ese día cenaron juntos, mirando cómo el atardecer teñía de dorado las olas del mar.

Herman nunca sintió tanta gratitud como ahora por haber construido su casa en el volcán. Podía apreciar tanto lo hermoso como lo peligroso de vivir allí. Cuando el volcán se agitaba, Herman ya no dudaba de su decisión porque ahora entendía que él también pertenecía al Pueblo del Volcán. Cuando veía lagartijas corriendo sobre las rocas, cuando contemplaba el cielo y el panorama a su alrededor, cuando escuchaba el llamado del halcón y sentía la calidez del sol, Herman estaba seguro que no había lugar mejor para él que el Volcán Dorado.

Wander Bear Press
Carrboro, North Carolina

Printed and bound by Pacom, South Korea.

Publisher's Cataloging-in-Publication
(Provided by Quality Books, Inc.)
Cole, Joe, 1966–
I built my house on a volcano = Mi casa en el volcán
/ story by Joe Cole ; illustrations by Stacye Leanza ;
traducción al español por María Silvia.
pages cm
In English and Spanish.
SUMMARY: In this bilingual picture book, a traveler
encounters a volcano and his dreams lead him to build
a house there. But he encounters more difficulties than
he imagined and must get help to face these unforeseen
challenges.
LCCN 2013956844
ISBN 978-0-9894688-7-9
1. Volcanoes—Juvenile fiction. 2. Risk-taking
(Psychology)—Juvenile fiction. 3. Perseveration
(Psychology)—Juvenile fiction. [1. Volcanoes—Fiction.
2. Risk-taking (Psychology)—Fiction. 3. Perseveration
(Psychology)—Fiction. 4. Spanish language materials—
Bilingual.] I. Leanza, Stacye, illustrator. II. Silvia, María,
1970– translator. III. Cole, Joe, 1966–   I built my house
on a volcano. English. IV. Cole, Joe, 1966– I built my
house on a volcano. Spanish. V. Title. VI. Title: Mi casa
en el volcán.
PZ73.C588 2014   [E]
QBI14-600057